Fjalori i parë me figura
Kafshët
First Picture Dictionary
Animals

Derr
Pig

Lepur
Rabbit

Flutur
Butterfly

Dhelpër
Fox

Ilustruar nga Anna Ivanir

www.kidkiddos.com
Copyright ©2025 by KidKiddos Books Ltd.
support@kidkiddos.com

All rights reserved. No part of this book may be reproduced in any form or by any electronic or mechanical means, including information storage and retrieval systems, without written permission from the publisher, except in the case of a reviewer, who may quote brief passages embodied in critical articles or in a review.
First edition, 2025

Library and Archives Canada Cataloguing in Publication
First Picture Dictionary – Animals (Albanian English Bilingual edition)
ISBN: 978-1-83416-444-1 paperback
ISBN: 978-1-83416-445-8 hardcover
ISBN: 978-1-83416-443-4 eBook

Kafshët e egra
Wild Animals

Luan
Lion

Tigër
Tiger

Gjirafë
Giraffe

✦ *Gjirafa është kafsha më e gjatë në tokë.*
✦ A giraffe is the tallest animal on land.

Elefant
Elephant

Majmun
Monkey

Kafshët e egra
Wild Animals

Hipopotam
Hippopotamus

Panda
Panda

Dhelpër
Fox

Rinoqeront
Rhino

Dre
Deer

Dre brilopatë
Moose

Ujk
Wolf

✦*Dreri brilopatë është një notar i shkëlqyer! Ai mund të zhytet nën ujë për të ngrënë bimë!*

✦A moose is a great swimmer and can dive underwater to eat plants!

Ketër
Squirrel

Koalë
Koala

✦*Ketri fsheh arra për dimër, por ndonjëherë harron ku i ka vënë!*

✦A squirrel hides nuts for winter, but sometimes forgets where it put them!

Gorillë
Gorilla

Kafshët shtëpiake
Pets

Kanarinë
Canary

◆ *Bretkosa mund të marrë frymë si nëpërmjet lëkurës, ashtu edhe nëpërmjet mushkërive!*

◆ *A frog can breathe through its skin as well as its lungs!*

Derr Indie
Guinea Pig

Bretkosë
Frog

Hamster
Hamster

Peshk i kuq
Goldfish

Qen
Dog

✦*Disa papagaj mund të përsërisin fjalët tona e madje, edhe të qeshin si ne!*

✦Some parrots can copy words and even laugh like a human!

Mace
Cat

Papagall
Parrot

Kafshët në fermë
Animals at the Farm

Lopë
Cow

Pulë
Chicken

Rosë
Duck

Dele
Sheep

Kalë
Horse

Mushkonjë
Mosquito

Pilivesë
Dragonfly

✦*Pilivesa është një nga insektet e para që ka banuar në Tokë, madje që para dinozaurëve!*
✦A dragonfly was one of the first insects on Earth, even before dinosaurs!

Bletë
Bee

Flutur
Butterfly

Mollëkuqe
Ladybug

Vjedull
Badger

Ferrëgjatë
Porcupine

Marmotë
Groundhog

◆ *Hardhuca mund të rrisë bisht tjetër, nëse i këputet bishti që ka!*
◆ A lizard can grow a new tail if it loses one!

Hardhucë
Lizard

Milingonë
Ant

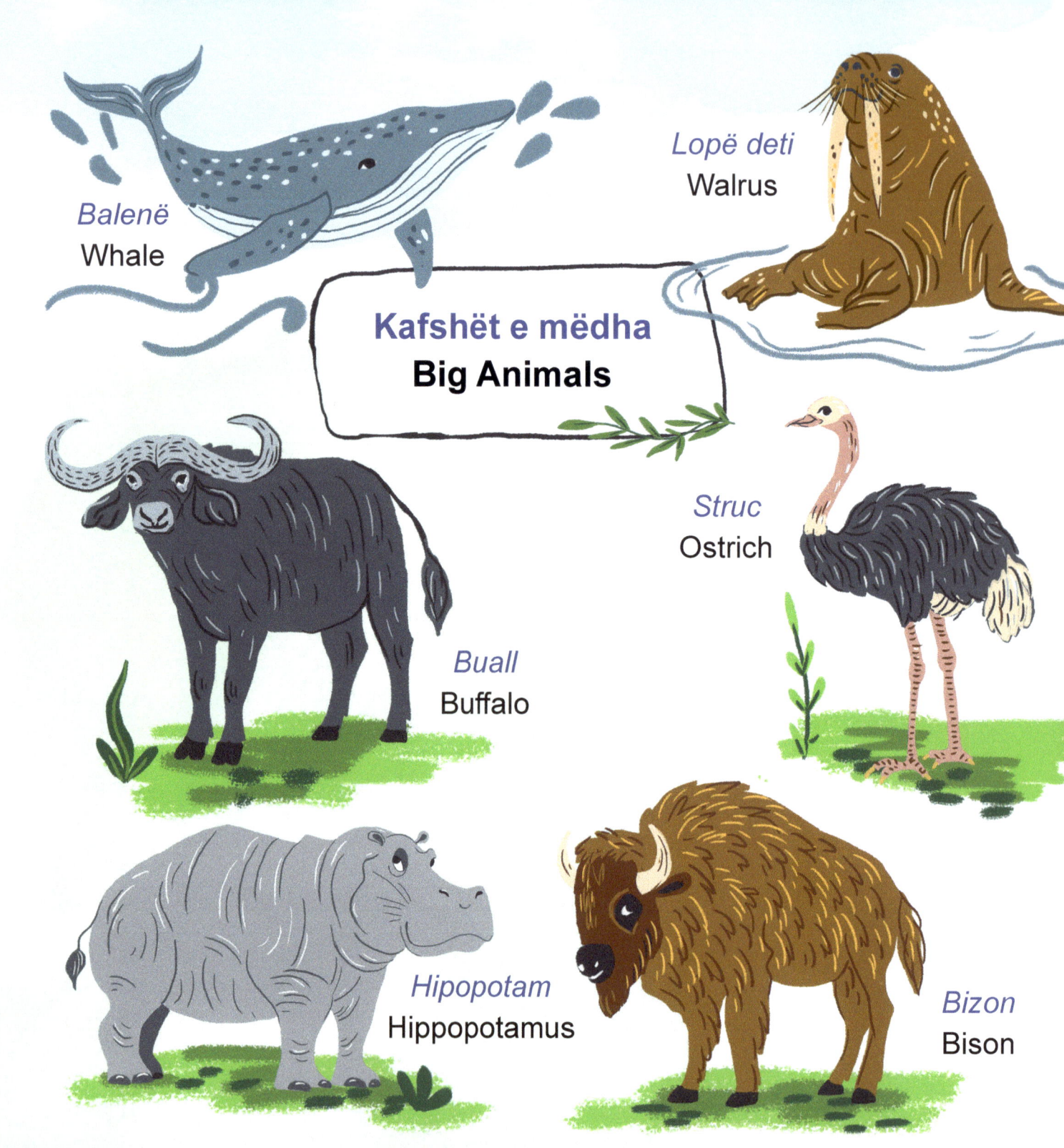

Kafshët e vogla
Small Animals

Kameleon
Chameleon

Merimangë
Spider

✦ *Struci është zogu më i madh, por nuk mund të fluturojë!*
✦ An ostrich is the biggest bird, but it cannot fly!

Bletë
Bee

✦ *Kërmilli e mban shtëpinë e tij mbi shpinë dhe lëviz shumë ngadalë.*
✦ A snail carries its home on its back and moves very slowly.

Kërmill
Snail

Mi
Mouse

Kafshët e heshtura
Quiet Animals

Mollëkuqe
Ladybug

Breshkë
Turtle

✦ *Breshka mund të jetojë si në tokë, ashtu edhe në ujë.*
✦ A turtle can live both on land and in water.

Peshk
Fish

Hardhucë
Lizard

Buf
Owl

Lakuriq nate
Bat

✦ *Xixëllonja ndriçon natën për të gjetur xixëllonja të tjera.*
✦ A firefly glows at night to find other fireflies.

✦ *Bufi gjuan natën dhe përdor dëgjimin për të gjetur ushqim!*
✦ An owl hunts at night and uses its hearing to find food!

Rakun
Raccoon

Tarantulë
Tarantula

Kafshët me ngjyra
Colorful Animals

Flamingoja është rozë
A flamingo is pink

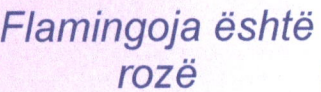

Bufi është bojëkafe
An owl is brown

Mjellma është e bardhë
A swan is white

Oktapodi është lejla
An octopus is purple

Bretkosa është e gjelbër
A frog is green

♦ *Bretkosa është e gjelbër, kështu që mund të fshihet mes gjetheve.*
♦ A frog is green, so it can hide among the leaves.

Kafshët dhe të vegjlit e tyre
Animals and Their Babies

Lopë dhe viç
Cow and Calf

Mace dhe kotele
Cat and Kitten

Pulë dhe zog
Chicken and Chick

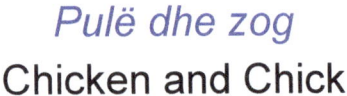

✦ *Zogu i vogël flet me nënën e tij që para se të çelë nga veza.*
✦ A chick talks to its mother even before it hatches.

Qen dhe këlysh
Dog and Puppy

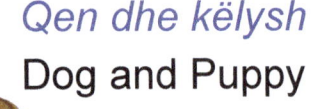

Flutur dhe larvë
Butterfly and Caterpillar

Dele dhe qengj
Sheep and Lamb

Kalë dhe mëz
Horse and Foal

Derr dhe derrkuc
Pig and Piglet

Dhi dhe kec
Goat and Kid

www.ingramcontent.com/pod-product-compliance
Lightning Source LLC
LaVergne TN
LVHW072054060526
838200LV00061B/4731